La Biblioteca Ideale Tascabile

Collana diretta da Angela Campana

72.

Classici del pensiero

W0224369

Traduzione e note di Cornelio Fabro
concesse da RCS Libri & Grandi Opere

In copertina:
Caricatura di Kierkegaard

Progetto grafico:
Antonio Bonavia Associati

Prima edizione
La Biblioteca Ideale Tascabile febbraio 1996
© 1996 Editoriale Opportunity Book s.r.l.
Milano, Via Borsi 1

ISBN 88-8111-151-9

La Biblioteca Ideale Tascabile
Periodico settimanale, 28 febbraio 1996
Direttore responsabile: Bruno Maccaferri
Registrazione del Tribunale di Milano n. 684
del 23 dicembre 1994

Distribuzione esclusiva in edicola:
A. & G. MARCO S.p.A., Via Fortezza 27, 20126 Milano

Fotocomposizione:
OLDONI s.n.c., Via Sant'Ampellio 12, 20141 Milano

Stampatore: Legatoria del Sud s.r.l.,
Via Cancelliera 40, 00040 Ariccia (RM)

Come contributo alla difesa dell'ambiente,
i libri di questa collana sono stampati
su carta marcata con
«Etichetta ecologica nordica»

Sören Kierkegaard

Diapsalmata
da
Aut-Aut

A cura di Bruno Segre

LA BIBLIOTECA
IDEALE
TASCABILE

	Politica e società	Scienza e tecnica	Pensiero, arte, letteratura	Kierkegaard
1811 – 1820	1814: Pace di Kiel. I danesi, alleati con Napoleone, cedono la Norvegia alla Svezia. Tramonta la potenza danese. 1818: a Treviri nasce Karl Marx.	1814: locomotiva (G. Stephenson). 1815: teoria ondulatoria della luce (A. Fresnel). 1818: peso atomico (J. Berzelius).	1819: *Il mondo come volontà e rappresentazione* di A. Schopenhauer propone il paradigma di un moderno pessimismo filosofico.	1813: il 5 maggio nasce a Copenhagen, al n. 2 (ora 27) del Nytorv (Mercato Nuovo), Sören Aabye Kierkegaard, ultimo di sette figli.
1821 – 1830	1830: Rivoluzione di Luglio. A Parigi sale sul trono Luigi Filippo, duca d'Orléans, che impone un regime personale conservatore.	1830: prima ferrovia Liverpool-Manchester. 1833: elettrolisi (M. Faraday).	1822: a Venezia muore lo scultore Antonio Canova. 1827: *Operette morali* di G. Leopardi e prima edizione di *I Promessi Sposi* di A. Manzoni.	1823: il 23 gennaio nasce Regine Olsen. 1828: Kierkegaard riceve la Confermazione religiosa dal cappellano J.P. Mynster.
1831 – 1840	1838: in Gran Bretagna, prima rivendicazione del suffragio universale maschile. 1840: in Germania si canta l'inno «Deutschland über alles».	1837: telegrafo (S. Morse). 1839: macchina fotografica (J. Daguerre). 1840: concimi chimici (J. von Liebig).	1835: il danese H.Ch. Andersen pubblica il primo volume delle sue celebri fiabe. 1840: a Nizza muore Niccolò Paganini.	1837: in maggio, primo incontro con Regine; in agosto, sintomi accentuati di depressione. 1840: superato l'esame di teologia, si fidanza con Regine.
1841 – 1850	1848: lo Holstein, ducato abitato in prevalenza da tedeschi, insorge contro i danesi. *Manifesto del partito comunista* di Marx ed Engels.	1846: anestesia mediante etere (Morton). 1848: più di 8000 chilometri di ferrovie in Gran Bretagna. Appendicectomia (Hancock).	1844: a Röcken nasce Fr.W. Nietzsche. Esprimerà in termini radicali la crisi dei valori di fine Ottocento. 1850: muore a Parigi Honoré de Balzac.	1841: rompe il fidanzamento. 1843: Regine si fidanza con Fr. Schlegel; Sören pubblica vertiginosamente. 1844: *Il concetto dell'angoscia*.
1851 – 1860	1852: un plebiscito dichiara «imperatore dei francesi» Luigi Napoleone, già proclamatosi (dicembre 1851) presidente per un decennio.	1854: motore a scoppio (E. Barsanti/ F. Matteucci). 1858: patologia della cellula (R. Virchow).	1851-53: *Rigoletto*, *Il trovatore* e *La traviata* di G. Verdi. 1852: V. Gioberti, alfiere del neoguelfismo italiano, muore in esilio a Parigi.	1854: scomparso il vescovo Mynster, Sören si batte contro la Chiesa ufficiale danese. 1855: muore a Copenhagen l'11 novembre.

UN CRISTIANESIMO SOSTANZIALE, OPERANTE E COERENTE

Allorché Kierkegaard, nel *Diario*, riconsidera la propria opera, non esita ad affermare d'essere stato sempre, fin dalle sue prime prove, uno «scrittore religioso». Il suo ideale è una vita umana strutturata, formata, ancorata nel divino.
Nella sua formazione spirituale è di grande rilievo il rapporto con il rigido pietismo del padre e dell'intiero ambiente familiare: un orientamento ispirato a pessimismo, al senso del peccato e a una profonda inquietudine interiore. In Danimarca – Paese tradizionalmente esposto all'influenza della cultura germanica – il pietismo era stato introdotto nella prima metà del Settecento dal teologo tedesco conte von Zinzendorf, chiamatovi dal re Cristiano VI. Allora, in seno all'esangue luteranesimo della Chiesa danese, piccoli gruppi di predicatori pietisti avevano dato vita a una rinascita religiosa, distribuendo Bibbie e libri di preghiera e propugnando l'educazione popolare. A questa matrice pietista Kierkegaard attinge il suo individualismo religioso, il suo annuncio d'un *revival* della fede fondato sulla celebrazione dell'emozione come organo della conoscenza di Dio, la sua avversione a ogni dogma, ordine esterno, gerarchia, la religiosità sincera e militante che, a modo suo, nega il mondo per affermare una diversa realtà.

Interamente concepita nel segno di un cristianesimo ribelle e paradossale, l'opera di Kierkegaard dichiara ogni possibile valenza della categoria del «singolo», sottolineando con vigore gli aspetti individuali dell'esistenza umana. Perciò, nel riaffermare l'ideale cristiano della trascendenza di fronte a un mondo orientato all'umanizzazione e alla tecnica, l'Autore vede nella «folla» – con le sue categorie derivate: il governo di popolo, la moderna democrazia liberale propugnata dai movimenti politici del '48, le prime manifestazioni del nascente socialismo – qualcosa che attenta alla vita spirituale della civiltà cristiana dell'Europa.

Del resto, ciò che veramente conta per Kierkegaard è l'opzione in favore di un cristianesimo sostanziale, operante e coerente, in diretta sintonia con il messaggio evangelico e quindi avverso al protestantesimo ufficiale della Chiesa di Stato danese: una sorta di religiosità, quest'ultima, che Kierkegaard considera profondamente inficiata da burocratici formalismi, da vuote preoccupazioni cerimoniali, da un apparato poco credibile di mondane esteriorità.
«Il concetto "cristiano"» rileva Kierkegaard «è un concetto polemico: si può essere cristiano solo in antitesi con altri»; e pertanto il cristianesimo originario del Nuovo Testamento risulta essere «in aperta lotta con questo mondo, e non può preoccuparsi affatto del come si possa vivere bene e felicemente in esso».

NON IL DIO DEI FILOSOFI, MA IL DIO D'ABRAMO

«Tutta la mia vita è stata una lotta contro me stesso, non voglio avere discepoli» afferma Sören Kierkegaard. Ma se oggi noi ritorniamo a lui ed evochiamo il suo inquieto fervore, la sua malinconia e il suo sdegno, la sua disperazione e la sua fede, è proprio perché la sua visione religiosa appare singolarmente ricca di suggestioni. E tanto più interessanti risultano i temi sui quali si esercita la sua ricerca, in quanto di quella lotta contro se stesso Kierkegaard mette a nudo ogni aspetto, rivelandosi uomo attirato dal mondo ma, contemporaneamente, tormentato dal desiderio della santità; e in mezzo a tale guado paradossale egli sembra rimanere – ansioso e dolorante, «anima sola davanti a Dio» – per tutta la vita.
L'esperienza religiosa di Kierkegaard implica la continua alternanza tra «vicinanza a Dio», in virtù del mediatore Cristo, e «lontananza da Dio», creatore inaccessibile alla creatura peccatrice. Quest'ultima situazione, tragica, di «lontananza da Dio», finisce per imporsi come dominante.

Nelle tematiche kierkegaardiane emergono con intensità via via crescente l'avvertimento della totale vanità dell'esistenza e la convinzione che «la concezione che vede la duplicità della vita è più alta e feconda di quella che cerca l'unità». Si delinea così, rispetto alla filosofia di Hegel, un totale distacco che trova la sua più chiara espressione negli scritti *Briciole di filosofia* (1844), *Il concetto dell'angoscia* (1844) e *Postilla conclusiva non scientifica* (1846). Il cristianesimo vi viene presentato essenzialmente come paradosso e scandalo «che non si lascia ridurre a oggetto di speculazione». Si tratta di assumere «un organo nuovo: la fede, un nuovo presupposto, cioè la coscienza del peccato, e una nuova decisione, cioè *il momento*, oltre che un nuovo maestro: Dio nel tempo».
Non il Dio dei filosofi, precisa Kierkegaard, bensì il Dio d'Abramo, il Dio che parla e intrattiene un rapporto personale con l'uomo.

«Il cristianesimo» egli afferma ancora, «non è entrato nel mondo come un campione meraviglioso di dolci consolazioni», anche se i preti che vogliono «mercanteggiare col mondo» tendono a ridurlo «all'umano puro e semplice». L'avversione di Kierkegaard al cristianesimo «stabilito» della Chiesa danese ha la sua fonte nella persuasione che la comunità e il numero corrompono profondamente l'individuo: soltanto nella coscienza individuale si trova la radice prima del significato della vita, dell'angoscia e della disperazione che la contrassegnano, nonché della salvezza per mezzo della fede. In tale rigida contrapposizione al mondo Kierkegaard si impegna nei suoi ultimi anni: senza desiderio di vittoria ma con durezza, senza pietà verso se stesso né verso gli altri. È una battaglia, la sua, che egli conduce da solo, affinché dal dolore della sua stessa solitudine possano trovare conferma la miseria e il naufragio dell'uomo e l'assoluta trascendenza di Dio.

VITA E PASSIONE DI UN CERCATORE DELLA FEDE

1813 Sören Aabye Kierkegaard nasce nel 1813 a Copenhagen da genitori anziani, ultimo di sette fratelli. Cinque muoiono prima che egli compia i ventun anni. Questa dura esperienza, unitamente a una severa educazione morale e religiosa (pietistica) e, forse, a una disposizione di natura, determina in lui un carattere scontroso, introverso e pessimista.

1830-41 Sören va formandosi nell'università di Copenhagen nel periodo compreso tra il 1830 e il 1841, anno in cui la facoltà di filosofia accetta la sua tesi *Sul concetto di ironia*. All'anno precedente risale il suo esame di teologia: studi compiuti con ottimi risultati ma senza alcuna soddisfazione.

1838 In una data imprecisata, ma certo tra il 1835 e il 1838, anno della morte del padre, questi gli confessa – pare – una sua antica colpa: per Sören si tratta del «grande terremoto» destinato a sconvolgere tutta la sua vita. Così, l'incubo della maledizione divina e della colpa rattrista gli anni della sua giovinezza e lo fa rinunziare alla carriera di pastore protestante e, perfino, all'idea di contrarre matrimonio con l'adorata fidanzata Regine Olsen (nel timore di renderla infelice). Decide piuttosto di fare lo scrittore e di mettere al centro della sua attività letteraria la difesa di una scelta religiosa senza compromessi.

Nota acutamente Cornelio Fabro, l'autorevole studioso italiano del pensiero kierkegaardiano, che «lo scrivere ha occupato tutta la vita di Kierkegaard e la vita di lui occupa tutto il suo scrivere». Il *Diario* segue passo passo la sua battaglia di idee dal 1834 sino alla fine prematura. Già nei suoi primi scritti l'Autore si oppone all'infiltrazione del razionalismo (di quello di Hegel in particolare) nel cristianesimo, che egli intende come invito a una rigenerazione radicale: non già sul terreno dottrinario, bensì su quello della vita concretamente vissuta.

Kierkegaard non si riallaccia ad alcuna scuola e non pretende di fare scuola. Scrive opere che disorientano per l'apparente assenza di una trama e di un'idea ben definita, e la cui lettura riesce perciò straordinariamente difficile. In quasi tutti i suoi scritti, compresi quelli più propriamente speculativi, troviamo inestricabilmente intrecciati il romanzesco (e dunque la psicologia), il filosofico e il religioso. I temi religiosi dei quali sceglie inizialmente d'occuparsi sono quelli della grazia e dell'iniziativa umana nella salvezza, della predestinazione e della provvidenza.

Discorsi tremendamente seri, come si vede, dato che ne va sempre di mezzo il rapporto dell'io con l'Assoluto, dell'uomo «finito» con l'Eternità. Ma nonostante tale rigida serietà, in molte pagine di Kierkegaard agisce una sorta di spirito burlone.
È noto infatti che egli inventa una serie di autori (i famosi pseudonimi, che non hanno mai ingannato nessuno), prendendo così le distanze dalla girandola di posizioni che di volta in volta assume. Mascherando continuamente i propri movimenti interiori, egli si burla non soltanto del pensiero dominante della sua epoca, ma anche dei suoi posteri. Ne deriva che è difficilissimo leggerlo alla lettera, attribuirgli una visione chiaramente definibile, se non si comprende che larga parte della sua opera è una formidabile allegoria.

1841 Ciò che mette in moto l'allegorismo di Kierkegaard è una circostanza solo in apparenza banale: la rottura del fidanzamento con Regine Olsen. Si tratta della rottura più famosa e filosoficamente più rilevante dell'intiera storia del pensiero.

1843-45 Al traumatico evento è direttamente dedicato il cosiddetto «ciclo di Regine», ossia la maggior parte dell'impressionante e mirabile serie di scritti che Kierkegaard riesce a produrre tra il 1843 e il 1845, e in particolare *Aut-aut*, i due saggi *Timore e tremore* e *La ripresa*, e il grande affresco autobiografico degli *Stadi sul cammino della vita*. Nell'esporre in queste opere la sua concezione delle alternative dell'esistenza – vita estetica, vita morale, vita religiosa –, Kierkegaard propone ogni possibile variante del suo appassionato cercare la fede e mette a fuoco una personalissima concezione del cristianesimo, ch'egli considera essenzialmente come il dramma dell'individuo e della sua angosciosa separazione da Dio. E nello spirito del cristianesimo egli individua l'unica valida antitesi alla filosofia hegeliana, per la quale la persona singola non è che un «modo», un momento transitorio ed effimero della vita di un «Io», di una «Ragione» universale.

1849-50 Kierkegaard trascorre gli ultimi anni scrivendo nel suo ritiro di Copenhagen. In *La malattia mortale* e *L'esercizio del Cristianesimo* insiste con sempre maggiore enfasi sulla sua visione mistica e anti-umana del cristianesimo, contrapponendo in termini sempre più radicali l'ordine cristiano all'ordine mondano. Di qui la sua condanna della «cristianità costituita», e il suo attacco a fondo contro la Chiesa di Stato danese attraverso il periodico *Il momento*, da lui interamente redatto.

1855 Colpito da paralisi, Kierkegaard muore a 42 anni.

Negli ultimi cinquant'anni si è tradotto e scritto tanto di e su Kierkegaard che pare impossibile fornire una bibliografia sistematica e completa delle opere del e sul nostro Autore. La raccolta più vasta di indicazioni bibliografiche circa Kierkegaard, che risale peraltro a oltre trent'anni fa (contenente 6995 numeri con l'elenco completo anche degli scritti giornalistici pseudonimi di Kierkegaard), è quella curata da J. Himmelstrup, *Sören Kierkegaard International Bibliography*, Copenhagen 1962.
In Italia, una nota bibliografica amplissima (ma, per ovvi motivi, non aggiornata) si trova in appendice al volume di Franco Lombardi *Sören Kierkegaard*, II ediz. accresc., Firenze 1967.
L'elenco delle edizioni originali delle opere di Kierkegaard, con i rispettivi pseudonimi e la descrizione particolareggiata del contenuto, è stato redatto da C. Fabro, e si trova nell'*Introduzione* alla traduzione italiana del *Diario*: prima edizione Brescia 1948-51; terza edizione 1980 sgg. Lo stesso Fabro ha riprodotto tale elenco in forma più esauriente nell'*Introduzione* (Bologna 1962) alla traduzione italiana delle *Briciole di filosofia* e della *Postilla conclusiva non scientifica*, completandolo con l'elenco descrittivo delle edizioni danesi delle opere e delle «Carte», e delle principali traduzioni tedesche, italiane, francesi e inglesi, con una selezione di studi critici sulla persona e sull'opera di Kierkegaard.

Si segnalano qui di seguito alcune delle **traduzioni in lingua italiana** di scritti kierkegaardiani pubblicate in anni recenti:

Aut-Aut. Estetica ed etica nella formazione della personalità. Introduzione di R. CANTONI, Mondadori, Milano 1988.
Enten-Eller. Un frammento di vita. A cura di A. CORTESE, 5 voll., Adelphi, Milano 1978-1989.
Briciole filosofiche. A cura di S. SPERA, Queriniana, Brescia 1987.
Diario del seduttore. Introduzione di R. CANTONI, Rizzoli, Milano 1990.
La ripetizione: un esperimento psicologico. A cura di D. BORSO, Guerini e Associati, Milano 1991.

Alcuni **studi su Kierkegaard e la sua opera** editi di recente in Italia:

Anna GIANNATIEMPO QUINZIO, *L'estetico in Kierkegaard*, Liguori, Napoli 1992.
Leonardo AMOROSO, a cura di, *Maschere kierkegaardiane*, Rosenberg & Sellier, Torino 1990.
Karl LÖWITH, *Storia e fede*, Laterza, Bari 1985.
Virgilio MELCHIORRE, *Saggi su Kierkegaard*, Marietti, Genova 1987.

«LE CARTE DI A» E «LE CARTE DI B»

Composto in undici mesi a partire dal novembre 1841, *Aut-Aut. Un frammento di vita* vede la luce nel 1843. Al testo è premessa un'«Avvertenza» firmata da Victor Eremita, il primo degli pseudonimi dietro i quali Kierkegaard ama nascondersi, o in virtù dei quali talvolta gli accade di rivelare qualche aspetto recondito della propria personalità.

Aut-Aut è in assoluto la più estesa fra le opere di Kierkegaard, e costituisce *magna pars* dei cosiddetti scritti estetici del «ciclo di Regine», rappresentando la prima espressione dell'originalità spirituale dell'autore. Come tutti gli altri testi kierkegaardiani celati da pseudonimo, *Aut-Aut* non si riferisce mai in forma diretta al pensiero e alla vita reale dello scrittore; qua e là, però, vi si possono riconoscere sviluppi concettuali realmente suoi, e nel complesso il testo risulta sostanziato da eventi emergenti o sottintesi della sua vita personale.

L'opera mette capo a una conclusione in chiave religiosa, cioè all'«Ultimatum» che ruota attorno al pensiero che «di fronte a Dio abbiamo sempre torto», preludente al misticismo paradossale di *Timore e tremore*. Ma nella sostanza essa si articola in due sezioni («Le Carte di A» e «Le Carte di B») che, svolgendo idealmente due personalità, l'una estetica e l'altra etica, prospettano la fondamentale alternativa con cui Kierkegaard è inizialmente chiamato a misurarsi, «esteta o marito?»: un'alternativa sullo sfondo della quale si staglia con chiarezza la mutilazione della sua vita affettiva, segnata indelebilmente dal naufragio del fidanzamento con Regine. «L'enfasi di tutto il mio essere scrittore – affermerà più tardi in una lettera – deve cadere e assolutamente cadere su di lei: dal dolore di doverla rendere infelice diventai scrittore, dal dolore di doverla rendere infelice in quanto scrittore ho amato fare sforzi quasi sovrumani, e al servizio della verità ho cercato pericoli che tutti sfuggono.»

La vita estetica (simboleggiata dal Don Giovanni mozartiano) è la vita dell'edonista: dell'eroe romantico che, libero da ogni imperativo, insegue incessantemente gioie e piaceri, sempre nuovi e sempre diversi. «Le Carte di A» chiariscono che solo la varietà e il mutamento possono dare la freschezza e l'intensità dell'immediato alle quali l'esteta anela, e che trova ora nelle cose ora in se stesso. Ma anche se cerca di attenersi alle raffinatezze della sensibilità, l'esteta è tuttavia un edonista, e ha in comune con gli uomini che vivono di senso il fatto che il suo ideale è la gioia, la gioia dell'istante e del brivido. L'esistenza estetica è tutta nel momento, nella pura possibilità di un sentimento a cui essa dev'essere pronta ad aprirsi in qualsiasi istante.

Ma dopo aver ricercato il piacere, l'esteta è votato alla noia e alla disperazione perché, essendo l'immediatezza del piacere un limite inattingibile, il piacere si nega nella propria esasperazione: nella perpetua agonia di uno smarrirsi che gli dà l'amaro sapore della morte. L'io dell'esteta si disperde in vane immaginazioni, ne diventa schiavo; e mentre gli pare di possedere ogni cosa, perde se stesso, «vive nell'istante ma l'istante eterno gli manca». L'esteta può ricercare il godimento in cose – quali l'onore, la ricchezza, la nobiltà, la persona amata – che gli sono esterne. O può ricercare il godimento in condizioni che sono dentro di lui, ma non sono poste da lui: per esempio nel suo personale talento (pratico, mercantile, matematico, poetico, artistico, filosofico...). Fatalmente, però, è sempre spinto a proporre il godimento della vita oltre ogni aspetto particolare, e cioè nella molteplicità sconfinata e raffinata dei desideri. L'esperienza tipica di questo audace epicureismo è quella di Nerone che incendia Roma per disperazione e terrore: la malinconia non dà scampo all'edonista, assalendolo e ghermendolo nella disperazione. La disperazione stessa è l'ultima concezione estetica della vita, la più fine e aristocratica. Non la disperazione attuale, per una scelta specifica, ma la disperazione potenziale per ogni possibilità di vita è la concezione estetica estrema, giacché implica la coscienza della propria nullità.

Le concezioni fin qui citate sono estetiche in quanto hanno in comune l'immediatezza, per cui l'uomo spontaneamente è ciò che è. La dimensione etica, per contro, è quella per cui l'uomo diventa ciò che il dovere gli impone di essere. «Le Carte di B» non lasciano dubbi: l'uomo che concepisce la morale come principio di condotta e come fine della sua attività rifugge dall'anarchia e dall'instabilità dell'estetico e trova il valore stesso del proprio io nell'obbedienza al dovere, nel rendere concretezza personale l'assolutezza del dovere in cui egli compie la sua vocazione.

Nella morale, l'individuo tende a spogliarsi del suo carattere individuale per riconoscere e affermare l'universale. La vita etica è la vita di chi assume un ruolo riconosciuto nel mondo, ne gestisce gli oneri con responsabilità, e viene riconosciuto come persona sociale proprio nell'adempimento di questi compiti. L'amore trova nel matrimonio il suo principio d'ordine, e il matrimonio (nell'elogio che ne fa il giudice Guglielmo, il personaggio-simbolo della vita etica in *Aut-Aut)* fa da tramite tra l'istintuale (l'eros) e il sociale. In quanto rappresenta la regolamentazione del desiderio, il matrimonio è una sintesi tra la natura e la cultura. L'uomo etico aderisce alle varie forme di universalizzazione spirituale dell'esistenza: è nel commercio, nell'esercito, nella magistratura e quindi nello Stato e nella storia. La conformità alle regole del sociale diviene così la garanzia della partecipazione etica all'universale.

La religione rappresenta l'infrazione di questa gerarchia di valori, è un'esperienza che nasce come rottura del piano di universalità che la vita etica suppone di avere realizzato. Alla luce della religione, tramonta qualsiasi dimensione mondana fatta di leggi scritte, di reciproche certezze e di personali conformità, nelle quali la vita dell'uomo sembra caricarsi della propria sicurezza. L'esperienza della religione apre all'uomo un nuovo rapporto, quello con Dio, che non si lascia tradurre in atti controllabili, in sequenze previste. L'ingresso di Dio nella vita dell'uomo è la condizione di un salto di qualità, è la trasformazione radicale della vita stessa, in quanto vi fa emergere la qualità fondamentale che era nascosta e dimenticata, rendendo l'uomo capace di percepire l'abisso immenso della differenza qualitativa tra sé e Dio, e i motivi per i quali «di fronte a Dio abbiamo sempre torto».

Per intendere che cosa rappresentano nell'economia di *Aut-Aut* i *Diapsàlmata* (in greco «Interludi lirici», «Canti accompagnati dalla lira»), che pubblichiamo in questo volumetto, riteniamo che l'approccio più corretto sia quello di lasciar parlare lo stesso editore pseudonimo, Victor Eremita. Costui spiega, nell'«Avvertenza» con la quale l'opera si apre, che presso un rigattiere ha trovato un *secrétaire*, e all'interno del *secrétaire* due gruppi distinti di carte da attribuirsi a due autori diversi: un esteta (A) e un magistrato (B):
«Cercai allora di ordinare le carte nel miglior modo possibile. Per le carte di B [due grossi saggi e uno più breve, tutti di carattere etico] la cosa fu abbastanza facile. [...]
«Ordinare le carte di A [una gran quantità di studi più o meno ampi a carattere estetico] non fu invece così facile. [...] I fogli e foglietti erano sparsi qua e là nella custodia, e sono stato perciò costretto ad assegnare loro un posto. Ho preferito che venissero per primi, poiché mi parve che si potessero più di tutto considerare come gli sprazzi anticipatori di quel che i saggi presentano con maggiore ampiezza e sistematicità. Li ho chiamati *Diapsàlmata*, aggiungendo, come una specie di motto, "*ad se ipsum*". [...] Dato poi che la maggior parte di questi aforismi ha carattere lirico, ho pensato che fosse ben appropriato impiegare la parola *diàpsalma* come titolo di testa. [...] Nella disposizione degli aforismi ho lasciato che fosse il caso a decidere. Che le diverse espressioni spesso si contraddicessero, lo trovai giustissimo, poiché ciò appartiene proprio per essenza all'ambiente, e trovai che non valesse la pena d'accoppiarle in modo che le contraddizioni risultassero meno scandalose.»

Diapsalmata

Che cos'è un poeta? Un uomo infelice che nasconde gravi pene nel suo cuore, ma le cui labbra sono conformate in tal modo che il sospiro e il grido all'uscirne le rende squillanti come una bella musica. La sua sorte è simile a quella di quegli sciagurati che nel toro di Falaride[1] furono tormentati a fuoco lento, e le cui grida non potevano giungere all'orecchio del tiranno per turbarlo, giacché per lui avevano il suono di una dolce musica. Ora gli uomini si affollano intorno al poeta e gli dicono: «Canta presto di nuovo, cioè che nuove sofferenze torturino presto la tua anima, e che le tue labbra seguitino a essere conformate come prima, poiché le grida non farebbero che inquietarci, ma la musica è soave». E i critici si accostano dicendo: «Va bene, così dev'essere secondo le regole dell'estetica». Si capisce: un critico somiglia a un poeta come una goccia d'acqua a una goccia d'acqua, soltanto ch'egli non ha le pene nel cuore né la musica sulle labbra. Ed ecco perché io vorrei piuttosto essere porcaro ad Amagerbro e farmi capire dai porci, che essere poeta e venir frainteso dagli uomini.

□

La prima questione che la pedagogia più semplice ed elementare si pone è, com'è noto, la seguente: cosa riceverà il bambino? La risposta è: chi lo sa? E con simili riflessioni comincia la vita, e tuttavia si nega il peccato originale. E chi deve allora ringraziare il bambino per i primi sganassoni se non i suoi genitori?

□

Preferisco parlare coi bambini: con essi si può almeno sperare che possano divenire in seguito esseri ragionevoli; mentre quelli che lo sono già divenuti – Dio mio!

□

Gli uomini come sono incoerenti! Non approfittano mai delle libertà che hanno, ma reclamano quelle che non hanno: hanno la libertà di pensare, chiedono la libertà di parlare.

□

Non mi va di far nulla. Non mi va d'andare a cavallo, è un esercizio troppo violento; non mi va di camminare, mi stanca troppo; non mi va di sdraiarmi, perché, o bisogna restare sdraiato, e questo non mi va, o bisognerebbe alzarsi, e nemmeno questo mi va. *Summa summarum*: non mi va di far nulla[2].

□

Come è noto vi sono degli insetti che muoiono nel momento della fecondazione; lo stesso avviene per tutte le gioie: il momento più alto e sfolgorante del godimento della vita è accompagnato dalla morte.

□

CONSIGLIO EFFICACE PER GLI SCRITTORI

Si buttano giù alla buona di Dio le proprie riflessioni e si mandano in tipografia: ecco che un po' alla volta, correggendo le bozze, cominciano a spuntare un mucchio di eccellenti pensieri. Perciò fatevi coraggio, voi che ancora non osavate mandare qualcosa alle stampe: anche gli errori di stampa non sono da disprezzare e il diventare spiritosi, a causa degli errori di stampa, dev'essere ancora considerato un modo decente per diventarlo.

□

In generale l'imperfezione di tutte le cose umane è che soltanto mediante il contrasto si possiede ciò che si desidera. Non parlerò di quella molteplicità di formazione che può dar assai da fare allo psicologo (il malinconico possiede soprattutto il senso del comico, il sensuale ha spesso e principalmente quello idillico, il debosciato spesso il senso morale, e lo scettico spesso il senso religioso); a me basta solo osservare che la beatitudine non s'intravede che attraverso il peccato.

□

Fuori del mio solito ambiente numeroso, io ho ancora un intimo confidente – la mia malinconia; in mezzo alla mia gioia, in mezzo al mio lavoro, esso mi fa un cenno, mi tira da parte anche se il mio corpo resta sul posto. La mia malinconia è l'amante più fedele ch'io abbia conosciuto: che meraviglia allora ch'io torni ad amarla?

□

È un ragionamento balordo quello che nella sua infinità sta nello stesso rapporto al risultato come l'infinita serie dei re egiziani al loro prodotto storico.

□

La vecchiaia realizza i sogni della gioventù: lo si vede in Swift[3] che costruì in gioventù un manicomio e nella sua vecchiaia vi fu ricoverato.

□

È angosciante il vedere con quale profonda ipocondria gli antichi inglesi hanno scoperto l'ambiguità che sta a fondamento del ridicolo. Il Dr. Hartley[4] ha osservato: che se il ridere si mostra anzitutto nei bambini, così c'è un pianto iniziale ch'è stimolato dal dolore ovvero un sentimento del dolore improvvisamente impedito e ripetuto con intervalli molto brevi (cfr. Flögel, *Geschichte der comischen Literatur*, 1. Bd., p. 50). Come tutto nel mondo è un malinteso, come in fondo il riso non è che un pianto!

□

Ci sono certe occasioni nelle quali si può provare un dolore infinito nel vedere un uomo ch'è completamente solo al mondo. Così ieri ho visto una bambina povera recarsi sola alla Chiesa per ricevere il sacramento della confermazione.

□

Cornelio Nepote racconta di un generale[5], che fu rinchiuso in una fortezza con una notevole cavalleria, il quale faceva sferzare i cavalli tutti i giorni, perché la troppa inazione non fosse loro nociva – così anch'io vivo in questo tempo come un assediato; ma perché questa eccessiva inattività non mi porti danno, io piango fino a stancarmi.

□

Dico del mio dolore come l'inglese della sua casa: il mio dolore *is my castle*. Molti uomini considerano il patir dolore come una delle comodità della vita.

□

Io mi sento come dovrebbe sentirsi un pezzo del gioco di scacchi quando l'avversario dice: questo pezzo non si può toccare.

□

«Aladino» è un racconto così fortificante, perché ha un ardimento geniale e infantile nei desideri più strampalati. Quanti nel nostro tempo oserebbero in verità desiderare, aspirare, apostrofare la natura né col «prego, prego» di un bambino educato, né con la rabbia di un individuo traviato? Quanti hanno il sentimento di ciò di cui tanto si chiacchiera ai nostri giorni, cioè che l'uomo è creato a immagine di Dio (*Gen.*, 1, 26), quanti hanno la vera voce del comandamento? Oppure non siamo noi come Noureddin, che ci sbracciamo in inchini e riverenze, con l'angoscia di esigere troppo o troppo poco? Oppure ogni esigenza grandiosa non è stata ridotta a poco a poco a un riflettere morboso sul proprio io, a spostare l'esigenza su di sé, come l'esige anche la nostra educazione e formazione?

□

Spaurito come un *Scheva*, debole e trascurato come un *Dagesch lene*[6], io mi trovo come una lettera stampata a rovescio nella riga e tuttavia fiero come un pascià di tre code, geloso di me stesso e dei miei pensieri come la Banca dei suoi biglietti, soprattutto così ripiegato in me stesso come un *pronomen reflexivum*. Sì, vale per le disgrazie e le pene ciò che vale per le azioni fatte in buona coscienza: che coloro che le fanno, hanno il loro premio – se questo vale per le pene, io sarò l'uomo più felice del mondo, poiché io anticipo tutte le preoccupazioni e perciò esse restano dietro.

□

Ciò che mostra fra l'altro l'immensa forza poetica della letteratura popolare è questo, che essa ha un potere di bramare. A confronto di essa la concupiscenza dei nostri giorni è peccaminosa a un tempo e noiosa, perché essa desidera quello che appartiene al prossimo. Quella sa benissimo che il prossimo, al pari di lei, non possiede quel che essa cerca. E se cede a qualche brama peccaminosa lo fa in maniera tanto ributtante da far tremare l'uomo.
I freddi calcoli di probabilità di una intelligenza sobria non approdano a nulla. Ancora oggi Don Giovanni traversa la scena colle sue 1003 amanti. Nessuno osa sorridere a causa del rispetto per la venerabilità della tradizione. Se un poeta al giorno d'oggi l'avesse osato, sarebbe stato deriso.

□

Che impressione di strana malinconia non ho avuto nel vedere trascinarsi per la via un pover'uomo coperto di un frac verde chiaro tendente al giallo. Mi faceva pena; ma ciò che mi ha commosso di più era il colore del suo frac che mi ricordava in modo impressionante i primi prodotti della mia infanzia nella nobile arte della pittura. Questo colore era infatti uno dei miei preferiti. Non è però triste che questo impasto di colori, ch'io ancora ricordo con tanta gioia, non si trovi in nessun luogo della vita? Tutto il mondo li trova crudi, eccentrici, buoni soltanto per le figurine di Norimberga. Se capita d'incontrarli qualche volta, l'incontro sarà penoso come questa volta. Si tratterà sempre di un pazzo o di un povero disgraziato, in breve sempre di uno che si sente estraneo alla vita e che il mondo sconfesserà. E io che sempre dipingevo i miei eroi con quella tinta di un giallo-verde indimenticabile! Non succede così con tutti gli impasti cromatici dell'infanzia? Lo splendore che allora aveva la vita, un po' alla volta diventa forte, troppo crudo per i nostri occhi.

□

Ahimè, la porta della felicità non si apre verso l'interno così che a slanciarsi contro di essa non serve a nulla; ma essa si apre verso l'esterno e perciò non c'è nulla da fare.

□

Io ho il coraggio, credo, di dubitare di tutto; ho il coraggio, credo, di lottare contro tutto; ma non ho il coraggio di conoscere qualcosa, né il coraggio di avere, né di possedere qualcosa. I più si lamentano che il mondo sia tanto prosaico, che nella vita le cose non vanno come nel romanzo, dove l'occasione è sempre tanto favorevole; io mi lamento, perché nella vita le cose non vanno come nel romanzo, dove si ha da lottare contro i padri dal cuor duro, i coboldi e i nani, e da liberare le principesse stregate. Cosa sono tutti i nemici di questo genere in confronto dei fantasmi notturni pallidi, esangui, allampanati, coi quali io combatto e a cui io stesso do vita ed esistenza?

□

Perché la mia anima e i miei pensieri sono così sterili, e tuttavia sempre torturati da dolori senza contenuto, voluttuosi e penosi? La lingua del mio spirito non si scioglierà mai in me, dovrà sempre balbettare? Io ho bisogno di una voce penetrante come lo sguardo di una lince, terrificante come il sospiro di un gigante, persistente come il suono della natura, mordente come il sibilo del vento gelido, sinistro come lo scherno impietoso dell'eco, di una gamma che va dal basso più profondo fino ai toni più teneri, modulati a partire dal bisbiglio sacro fino all'energia frenetica. È di questo ch'io ho bisogno per respirare, per esprimere ciò che tengo nell'anima, per scuotere le viscere sia dell'ira come della simpatia. Ma la mia voce è rauca come il grido del gabbiano o spenta come la benedizione sulle labbra di un muto.

□

Cos'accadrà? Cosa porterà il futuro? Non lo so, non ne ho presentimento alcuno. Quando il ragno da un punto fisso si lancia precipitandosi in basso con le sue conseguenze, allora esso vede sempre uno spazio vuoto davanti a sé nel quale non può trovare un appoggio per quanto si lanci. Così è con me: davanti a me c'è sempre uno spazio vuoto; ciò che mi spinge fuori è una conseguenza che sta dietro a me. Questa vita va a rovescio: è tremendo, insopportabile.

□

Il primo periodo dell'innamoramento è sempre il più bello, poiché a ogni incontro ogni sguardo si porta a casa qualcosa di nuovo per allegrarsi.

□

La mia concezione della vita è completamente senza senso. Io penso che uno spirito maligno mi ha messo sul naso un paio di occhiali di cui una lente ingrandisce a dismisura mentre l'altra rimpicciolisce anch'essa a dismisura.

□

Il dubitante è un μεμαστιγωμένος[7]; come una trottola sotto i colpi della frusta egli per un tempo più o meno lungo si mantiene in piedi, tanto poco come la trottola.

□

Di tutte le cose ridicole che mi capitano la più ridicola è di essere indaffarato in questo mondo, di essere un uomo che si affretta ad andare a mangiare, a compiere il suo lavoro. Quando perciò io vedo una mosca posarsi nel momento decisivo sul naso di un simile uomo d'affari o una vettura sorpassarlo a una velocità più grande, inzaccherandolo, o il ponte di Knippel sollevarsi davanti a lui o una tegola cadergli in testa e ucciderlo, io rido con tutto il cuore. E chi non scoppierebbe a ridere? Cosa possono combinare di buono questi esagitati? Non succede a costoro come a quella donna la quale nel trambusto per l'incendio della sua casa, pose in salvo le molle per attizzare il fuoco? Cosa salvano di più costoro dal grande incendio della vita?

□

A me manca in tutto e per tutto la pazienza di vivere. Non posso vedere l'erba crescere, e poiché non lo posso, non ho voglia di guardarla. Le mie idee sono considerazioni fugaci di uno «scolastico vagabondo»[8] che percorre la vita precipitosamente. Un proverbio dice: Nostro Signore fa che lo stomaco sia ripieno prima degli occhi. A me non pare: i miei occhi sono sazi e stufi di tutto e tuttavia io ho fame.

□

Mi interroghino pure su qualsiasi cosa, a patto che non m'interroghino sulle ragioni. Si perdona a una giovane ragazza ch'essa non possa dare ragioni, ella vive (come si dice) di sentimento. Diversamente nel mio caso. In generale io di ragioni ne ho così tante e fra loro così contrastanti che per questa ragione mi è impossibile portare ragioni. Anche per il rapporto di causa ed effetto a me sembra che la situazione non quadri. Alle volte da cause enormi e poderose[9] viene un effetto minuscolo e senza importanza, alle volte addirittura nulla; alle volte una piccola causa produce un effetto colossale.

□

E ora le gioie innocenti della vita! Bisogna ammettere ch'esse hanno solo un difetto, quello di essere innocenti. Insieme esse devono essere godute con misura. Quando il mio medico mi prescrive una dieta, questo si può capire; io posso astenermi per un certo tempo da certi determinati cibi; ma essere dietetici nell'osservare la dieta – questo è veramente esigere troppo.

□

La vita è diventata per me una pozione amara e tuttavia essa va presa come le gocce, lentamente, contando.

□

Nessuno ritorna dai morti, nessuno è entrato in questo mondo senza piangere; nessuno ci domanda quando vogliamo entrare, nessuno quando vogliamo andarcene.

□

Il tempo passa, la vita è un fiume, dice la gente ecc. Io non posso avvertire questo, il tempo (per me) sta fermo e io con esso. Tutti i piani ch'io progetto, ripiombano cadendo su di me; quando voglio sputare, io mi sputo in faccia.

□

Quando mi alzo al mattino, io torno subito a mettermi a letto. È alla sera ch'io mi sento meglio, nel momento che spengo la luce e mi tiro su il piumino sulla testa. Ancora una volta mi rialzo, con una gioia indescrivibile do uno sguardo d'insieme alla stanza e poi, buona notte! e giù sotto le coperte.

□

Di cosa son capace? Di nessuna cosa e di nessun genere. È un'abilità rara; chissà se sarà apprezzata nella vita? Dio sa se trovano un posto le ragazze che cercano un impiego come donne tuttofare o in mancanza di questo per fare qualsiasi cosa.

□

Non è lecito essere enigmatico con gli altri, ma neppure con se stesso. Io studio me stesso; quando sono stanco di questo, per passare il tempo accendo un sigaro e penso. Dio sa ciò che in fondo Nostro Signore ha voluto da me oppure ciò ch'egli vuole cavare da me.

□

Nessuna partoriente ha voglie più strane e più impazienti delle mie. Esse riguardano a volte le cose più insignificanti, a volte le più sublimi, ma tutte contengono in egual grado la passione momentanea dell'anima. Io desidero in questo momento un piatto di polenta di granturco. Ricordo che quando andavo a scuola, ogni mercoledì mangiavamo sempre la polenta di granturco. Ricordo che la polenta di granturco era liscia e bianca: quanto il burro mi sorrideva appetitoso, quanto la polenta sembrava calda da vedere, quanto io ero affamato e impaziente di cominciare! Un piatto di polenta di granturco! per averla, darei subito il mio diritto di primogenitura[10].

□

Il mago Virgilio[11] si fece tagliare a pezzi e introdurre in una marmitta per farsi cuocere durante otto giorni e poter con questo procedimento ringiovanire. Egli incaricò qualcuno perché sorvegliasse a che nessuno guardasse nella marmitta. Tuttavia il sorvegliante non poté resistere alla tentazione; era troppo presto, Virgilio svanì in figura di bambino con un grido. Anch'io ho senza dubbio gettato lo sguardo troppo presto nella marmitta, nella marmitta della vita e dello sviluppo della storia, e non arriverò mai a diventare più di un bambino.

□

«Non bisogna mai perdersi di coraggio, quando le disgrazie s'ammucchiano su qualcuno nel modo più spaventoso, è allora che si vede nelle nubi una mano soccorritrice» – così parlava il rev. Jesper Morten[12] ai secondi vespri. Io sono abituato a camminare sotto il cielo aperto e non ho mai osservato nulla di simile. Alcuni giorni fa durante una passeggiata ho osservato un fenomeno simile. Non era propriamente una mano, ma come un braccio che sporgeva fuori dalle nubi. Mi sprofondai nella riflessione. Pensai: «Magari ci fosse ora qui Jesper Morten per decidere se era questo il fenomeno ch'egli intendeva!». Mentre stavo immerso in questi pensieri, un passante mostrandomi le nubi mi dice: «Vedete quella tromba d'acqua? si vede molto di rado da queste parti; essa alle volte spazza via case intere». Buon Dio, pensai, è una tromba d'acqua, e me la diedi a gambe come meglio potei. Chissà cosa avrebbe fatto il signor pastore Jesper Morten al mio posto?

□

Lasciamo che gli altri si lamentino che i tempi sono cattivi; io mi lamento che il nostro tempo è miserabile, poiché è senza passioni. I pensieri degli uomini sono sottili e fragili come merletti, essi stessi miseri come le ragazze che fanno i merletti. I pensieri delle loro menti sono troppo meschini per essere peccaminosi. In un verme si potrebbe forse considerare come un peccato l'avere tali pensieri, non in un uomo, creato a immagine di Dio. I loro desideri sono compassati e torpidi, le loro passioni sonnolente. Fanno il loro dovere, queste anime da bottegai; ma si permettono però come gli ebrei di grattare un poco le monete credendo che, per quanto il Signore sia esatto nella sua contabilità, si possa sempre riuscire a truffarlo un tantino. Puah! Ed è per questo che la mia anima torna sempre all'Antico Testamento e a Shakespeare. Là si sente che quei che parlano sono uomini; là si odia, là si ama, si ammazza il nemico, si maledice la sua stirpe per tutte le generazioni, là si pecca.

□

Io divido il mio tempo così: metà dormo e l'altra metà sogno. Quando dormo non sogno, ed è un peccato poiché sognare è la suprema genialità.

□

L'ideale più alto è di essere un uomo perfetto. In questo momento io ho i calli ai piedi: questo è però sempre di aiuto.

□

Il risultato della mia vita sfuma in un nulla, in un'impressione, in un solo colore. Il mio risultato ha una somiglianza con la pittura di quell'artista che doveva dipingere il passaggio degli ebrei del Mar Rosso e a questo scopo dipinse tutta la parete in rosso spiegando che gli ebrei erano già passati e che gli egiziani erano tutti annegati.

□

La dignità umana è riconosciuta ancora dalla natura: poiché quando si vogliono cacciare gli uccelli dagli alberi, si mette un fantoccio che assomiglia a un uomo e anche se si tratta di una somiglianza lontana con l'uomo, qual è lo spaventapasseri, essa è sufficiente a incutere rispetto.

□

Quando l'amore deve significare qualcosa, nell'ora della sua nascita dev'essere illuminato dalla luna, come il bue Api per essere un vero Api doveva essere illuminato dalla luna. La vacca che partorì Api dovette nel momento del concepimento essere illuminata dalla luna.

□

La miglior prova della miseria dell'esistenza è quella che si ottiene dalla considerazione della sua magnificenza.

□

I più corrono con tanta foga alla ricerca del piacere che passano oltre. Capita a essi come a quel nano che custodiva nel suo castello una principessa ch'egli aveva rapita. Un giorno egli faceva la siesta. Dopo un'ora si risveglia, ma la principessa era fuggita. Subito s'infila le scarpe dalle sette leghe – con un solo passo egli l'ha oltrepassata di un bel pezzo.

□

La mia anima è così pesante che nessun pensiero è capace di portarla, nessun colpo d'ala che possa sollevarla verso l'etere. Se essa si muove, non riesce che a sfiorare la terra come il volo basso degli uccelli quando minaccia l'uragano. Sulla mia anima incombe un'oppressione greve, un'angoscia che fa presentire il terremoto.

□

Quanto la vita è vuota e insulsa! – Si fa il funerale di un uomo; lo si accompagna al cimitero, si gettano su di lui tre palate di terra; si torna a casa in carrozza; ci si consola col pensiero che ci resta ancora una lunga vita. Quanti anni fanno 7 × 10? perché non finire una volta per tutte, perché non rimanere laggiù e discendere nel sepolcro? perché non tirare a sorte a chi toccherà la disgrazia di essere l'ultimo vivente che getterà le ultime tre palate di terra sugli ultimi morti?

□

Le ragazze non mi piacciono. La loro bellezza passa come un sogno, come il giorno di ieri quand'è passato. La loro fedeltà – sì, la loro fedeltà! – O esse sono infedeli, e questo non m'interessa più, oppure sono fedeli. Se ne trovassi una che fosse fedele, allora mi piacerebbe per la sua rarità; ma non mi piacerebbe a causa della lunghezza del tempo: poiché o sarà sempre fedele e allora io sarò vittima del mio zelo di sperimentatore, poiché dovrò attenermi a lei; oppure verrà un momento quando ella mi pianterà e io avrò la vecchia storia.

□

Destino miserabile! È inutile che t'impiastricci il viso avvizzito come una vecchia battona, è inutile che ti metta a suonare i tuoi ciondoli da pagliaccio: tu mi annoi: è sempre la stessa minestra, *et idem per idem*. Nessuna novità, sempre la stessa minestra riscaldata. Venite, sonno e morte: voi non promettete nulla, voi chiedete tutto.

□

Questi due familiari colpi d'archetto di violino! Questi due colpi familiari d'archetto di violino, qui in questo momento, in mezzo alla strada! Ho forse perduto la ragione, è il mio orecchio che per amore alla musica di Mozart ha cessato di udire, è una ricompensa che gli dei offrono a me, l'infelice, che siede come un pitocco alla porta del tempio, quella di darmi un orecchio che esegue per suo conto ciò che ascolta? Solo questi due colpi d'archetto, poiché ora non sento più nulla. Come nella *Ouverture* immortale[13] irrompono gli accordi profondi, così quei due colpi qui si aprono un passaggio attraverso il brusio e il chiasso della via con tutta la sorpresa di una rivelazione. Dev'essere qui nella vicinanza, poiché io sento i suoni leggeri di danza. – È dunque a voi, coppia infelice d'arte, che io devo questa gioia. – L'uno di essi poteva avere 17 anni e indossava un soprabito verde di Kalmonk, con grandi bottoni di osso. Il frac era troppo grande per lui. Egli teneva il violino stretto sotto il mento, il berretto gli copriva gli occhi, la mano era coperta da un guanto senza dita, le dita erano rosse e blu per il freddo. L'altro era più anziano, portava un mantello con colletto: erano tutti e due ciechi. Una ragazzetta, che probabilmente faceva loro da guida, li precedeva cacciando le mani in una sciarpa. A poco a poco avevano fatto un capannello di ammiratori di questa musica, un postino col suo pacco di lettere, un ragazzo, una domestica, un paio di vagabondi. Le carrozze signorili passavano fragorose, i carretti soverchiavano il suono dei due violini che si sentivano a intervalli. Infelice coppia di artisti, non sapete voi che questi suoni nascondono in sé tutte le magnificenze del mondo? – Non era questo come un convegno d'amore?

□

Accadde in un teatro che le quinte presero fuoco. Il Buffone uscì per avvisare il pubblico. Credettero che fosse uno scherzo e applaudirono; egli ripeté l'avviso: la gente esultò ancora di più. Così mi figuro che il mondo perirà fra l'esultanza generale degli spiritosi, che crederanno si tratti di uno scherzo.

□

Quale può essere il significato di questa vita? Se si dividono gli uomini in due grandi classi, si può dire che l'una lavora per vivere mentre l'altra non ne ha bisogno. Ma il significato della vita non può essere quello di lavorare per vivere; poiché sarebbe una contraddizione che ciò, che stabilisce le condizioni, costituisca la risposta alla domanda sul suo significato che dev'essere condizionato da questo. In generale la vita degli altri non ha altro significato che quello di consumare le condizioni. Se si vuol dire che il significato della vita è di morire, anche questo sembra una contraddizione.

□

Il vero godimento non consiste in ciò che si gode, ma nella rappresentazione. Se io avessi al mio servizio uno spirito docile il quale, quando gli chiedo di portarmi un bicchier d'acqua, mi portasse un calice colmo del vino più pregiato del mondo, lo licenzierei all'istante perché capisca che il vero godimento non consiste in ciò che io godo, ma nel riuscire a fare la propria volontà.

□

Quindi non sono io il padrone della mia vita: io sono un filo che dev'essere intessuto nella trama della vita! Bene, se non so tessere sono almeno capace di tagliare questo filo.

□

Con la tranquillità si ottiene tutto e si divinizza nel silenzio. Non vale soltanto della nascita del figlio di Psiche che tutto dipende dal silenzio di lei:

Nascerà un bambino divino, se tu tacerai,
ma sarà un semplice uomo se rivelerai il segreto[14].

□

Mi sembra di essere destinato ad attraversare le sofferenze di tutti gli stati d'animo per farne esperienza in tutte le direzioni. A ogni momento mi trovo come un bambino che deve imparare a nuotare, fuori nel mare aperto. Io mi metto a gridare (l'ho imparato dai greci dai quali si può imparare ciò ch'è umano); poiché anche se io porto una cintura alla vita, non vedo però la pertica che mi deve sostenere. È un modo orrendo di fare esperienza.

□

È abbastanza strano che ci si faccia un'idea dell'eternità grazie ai due contrasti più spaventosi. Se penso a quel disgraziato contabile, che impazzì per disperazione: per aver calcolato che 7 + 6 fanno 14, aveva rovinato una Camera di commercio; se me l'immagino giorno dopo giorno, indifferente a qualsiasi altra cosa, ripetere a se stesso: 7 + 6 = 14, ecco che allora ho l'immagine dell'eternità. Se m'immagino in un harem una voluttuosa bellezza femminile adagiata con tutta la sua grazia sopra un divano senza preoccuparsi di nulla al mondo, ecco ch'io ho un'altra immagine dell'eternità[15].

□

Ciò che i filosofi dicono della realtà è così deludente come la scritta che si legge da un antiquario: QUI SI STIRA – e se si ritorna col proprio vestito per farlo stirare, si resta buggerati. Era una scritta in vendita!

□

Per me non c'è nulla di più pericoloso del ricordare. Appena io ricordo una cosa della vita, la cosa stessa cessa. Si dice che la separazione aiuta a rinfrescare l'amore. È verissimo, ma lo rinfresca in modo puramente poetico. Vivere nel ricordo è il modo più perfetto di vita che si possa immaginare. Il ricordo sazia più di qualunque realtà, e ha una sicurezza che nessuna realtà possiede. Una situazione della vita ch'è stata ricordata è già entrata nell'eternità e non ha più nessun interesse terreno.

□

Se qualcuno deve tenere un diario per venire un po' in soccorso della sua memoria, costui dovrei essere io. Dopo un po' di tempo mi accade spesso di aver dimenticato completamente le ragioni che mi hanno spinto a questa o quella cosa, non soltanto quando si tratta d'inezie ma anche dei passi più importanti. Quando poi le ragioni mi ritornano alla memoria, mi sembrano spesso così strane ch'io non riesco a credere che fossero ragioni. Questo dubbio svanirebbe, se avessi qualcosa di scritto a cui attenermi. Una ragione è in generale una cosa strana: se io l'osservo con tutta la mia passione, essa si gonfia fino a diventare un'enorme necessità ch'è capace di muovere cielo e terra; se io sono senza passione, allora la guardo con sdegno. A lungo ho riflettuto sulla causa che m'ha spinto a rinunciare al posto d'insegnamento. Quando ci penso, capisco che quella posizione era per me qualcosa (di solido). Oggi mi è venuto un barlume di luce: la ragione è stata ch'io non mi sentivo tagliato per quel posto. Se fossi rimasto a quel posto, avrei avuto tutto da perdere e nulla da guadagnare. Per questo ho giudicato bene di rinunziare al posto e di farmi assumere in una comitiva di attori ambulanti per la ragione che, sprovvisto come sono di ogni talento artistico, ho perciò tutto da guadagnare.

□

È una grande ingenuità il credere che lo strillare o il gridare nel mondo possano giovare, come se con ciò si potesse cambiare il proprio destino. Tocca prenderlo come viene ed evitare tutte le lungaggini. Nella mia gioventù quando entravo in un ristorante, dicevo al cameriere: datemi un buon pezzo di filetto, un pezzo di spalla e non troppo grasso. Il mio grido il cameriere lo sentiva appena, egli vi prestava ancor meno attenzione; meno ancora la mia voce poteva giungere in cucina e sollecitare il cuoco e quand'anche ciò accadesse, allora non c'era forse un pezzo buono in tutto l'arrosto. Ora io non grido più.

□

Le aspirazioni sociali e la bella simpatia che le accompagna si diffondono sempre più. A Lipsia si è fondato un comitato il quale per simpatia per la dolorosa fine dei cavalli vecchi ha deciso di mangiarli.

□

Io ho solo un amico, è l'eco: e perché è mio amico? perché io amo il mio dolore e l'eco non me lo toglie. Io ho un solo confidente, è il silenzio della notte. E perché è il mio confidente? Perché il silenzio tace.

□

Come, secondo la leggenda, Parmenisco perse la facoltà del riso nell'antro trofonico ma la riebbe a Delo vedendo un masso informe, che gli fu mostrato come l'immagine della dea Leto, così è avvenuto a me[16]. Quando ero più giovane, dimenticai il riso nell'antro trofonico; più tardi, allorché aprii gli occhi e considerai la realtà, risi, e dopo quel tempo non ho più smesso. Vidi che l'importanza della vita stava nel trovare un impiego, il suo scopo nel diventare consigliere di giustizia; che il desiderio potente dell'amore era di trovare una ragazza ricca; che la beatitudine dell'amicizia stava nell'aiutarsi scambievolmente nei guai economici; che la sapienza non è se non ciò che i più credono che sia; che l'entusiasmo consisteva nel fare un discorso; che il coraggio risiedeva nell'osare di beccarsi una multa di 10 scudi; che la cordialità appariva nel dire: «buon pro'» dopo un pranzo; che il timor di Dio consisteva nel fare la comunione una volta all'anno. Vidi questo e risi.

□

Cos'è che mi lega? Di cos'era fatta la catena che teneva legato il lupo di Fenris?[17] Del rumore delle zampe di gatto quando toccano terra, della barba delle donne, delle radici delle rocce, dell'erba dell'orso[18], del respiro dei pesci e dello spirito degli uccelli. Anch'io sono legato da una catena ch'è formata d'immaginazioni tenebrose, di sogni angosciosi, di pensieri inquieti, di presentimenti timorosi, di oscure angosce. Questa catena è «tanto sottile e morbida come un filo di seta, essa si presta alla massima tensione, ma non si spezza».

□

È abbastanza strano che siano sempre le stesse cose a occuparci in tutte le età della vita: non si fa un passo avanti, anzi si torna indietro. Quando avevo 15 anni e frequentavo le scuole medie, scrivevo con molta unzione sulle prove dell'esistenza di Dio e dell'immortalità dell'anima, sul concetto di fede, sull'importanza del miracolo. Per l'esame di licenza[19] scrissi una dissertazione sull'immortalità dell'anima che ottenne pieni voti e lode; più tardi ottenni un premio con una dissertazione sulla stessa materia. Chi crederebbe che, dopo un inizio così solido e promettente, all'età di 25 anni io mi trovo ridotto a non essere più capace di portare una sola prova dell'immortalità dell'anima? Ricordo specialmente della mia carriera di studente che una mia dissertazione sull'immortalità dell'anima aveva ottenuto lodi sperticate, sia per il contenuto come per la proprietà del linguaggio, dal professore che l'aveva anche letta in classe. Ahimè, ahimè, ahimè! Io ho smarrito da molto tempo questa dissertazione. Che disgrazia! In essa forse la mia anima dubitante avrebbe potuto essere imbrigliata, sia dallo stile come dal contenuto. Allora non mi resta che dare un consiglio ai genitori, ai superiori e ai professori, di raccomandare ai ragazzi che sono loro affidati perché conservino le dissertazioni che scrivono nel quindicesimo anno. E questo è il solo consiglio ch'io possa dare per il bene dell'umanità.

□

Alla conoscenza della verità ci sono forse arrivato (*II Tim.*, 2, 4); certamente non alla beatitudine. Che cosa debbo fare? Agire nel mondo, rispondere agli uomini? Dovrei allora comunicare il mio dolore al mondo, contribuire a dimostrare quanto tutto è triste e meschino, forse scoprire una nuova macchia nella vita umana che prima era rimasta inosservata? Così potrei ottenere la ricompensa meravigliosa di diventar celebre, come l'astronomo che scoprì le macchie di Giove[20]. Preferisco tacere.

□

Come la natura umana è sempre uguale a se stessa! Con quale genialità innata spesso un piccolo bambino non ci mostra un'immagine vivente delle cose più grandi! Oggi mi sono divertito molto col piccolo Luigi. Stava seduto sul suo seggiolino; guardava attorno a sé con visibile soddisfazione. Quand'ecco Maria, la bambinaia, attraversare la stanza. Maria! gridò il piccolo. Sì, Luigino, rispose lei con la sua affabilità consueta e si avvicinò a lui. Egli piegò la sua grande testa da una parte fissando su di lei con una certa civetteria i suoi grandi occhi e disse con molta flemma: non questa Maria, quell'altra. Cosa facciamo noi adulti? Noi invochiamo tutto il mondo, e quando questo ci viene affabilmente incontro, noi diciamo: non è questa Maria.

□

La mia vita è come una eterna notte; quando una buona volta morirò, allora potrò dire con Achille:

«O tu, veglia della mia esistenza, sei finita!»[21].

□

La mia vita è completamente senza senso. Quando considero le sue varie epoche, la mia vita allora assomiglia alla parola: «Schnur» secondo il dizionario che ha per primo significato «cordone» e per secondo «nuora». Manca soltanto che «Schnur» abbia per terzo significato «cammello» e per quarto «spolveraccio».

□

Io sono come il porco di Lüneburg. Il mio pensiero è una passione. Posso benissimo scovare i tartufi per gli altri, io stesso non ne cavo nessun piacere. Tengo i problemi in bilico sul mio naso; ma non posso farne altro che buttarmeli dietro la testa.

□

Io lotto invano. Il mio piede scivola. La mia vita sarà un'esistenza di poeta. Si può pensare qualcosa di più infelice? Io sono predestinato; il destino si ride di me, quando d'improvviso esso mi mostra come tutto quel ch'io faccio per resistere diventa un momento di siffatta esistenza. Io posso descrivere la speranza con tanta vivacità che ogni individuo colmo di speranza si riconoscerà nella mia descrizione. E tuttavia questo non è che falsità, poiché mentre descrivo la speranza, io penso al ricordo.

□

C'è ancora una prova per l'esistenza di Dio ch'è stata finora trascurata. Essa è portata da uno dei domestici nei *Cavalieri* di Aristofane, vv. 32 sgg.:

Demostene: Altare? quale altare? Dimmi, pensi tu ch'esistano dei?
Nicia: Sì.
Demostene: Quali ragioni porti?
Nicia: Perché mi perseguitano ingiustamente.
Demostene: Volentieri mi trovo d'accordo con te.

□

Com'è orrenda la noia – orrendamente noiosa: non conosco altra espressione più forte né più vera, poiché il simile si conosce col simile[22]. Magari ci fosse un'espressione più alta e più forte, allora ci sarebbe ancora un (nuovo) movimento. Io mi trovo distratto, inattivo; l'unica cosa che vedo è il vuoto, l'unica cosa di cui vivo è il vuoto, ciò in cui mi muovo è il vuoto. Né soffro alcun dolore. L'avvoltoio non cessava di attaccare a colpi di becco il fegato di Prometeo; il veleno stillava senza posa sopra Loke[23]: anche se monotono, era comunque un diversivo. Lo stesso dolore ha perso per me ogni sollievo. Se mi offrissero tutti gli splendori o tutti i tormenti del mondo, essi non mi commuoverebbero molto, non mi volterei dall'altro lato né per prenderli né per fuggirli. Io muoio la morte (cfr. *Gen.*, 2, 17). E cosa potrebbe distrarmi? Sì, se potessi avere una costanza capace di resistere a tutte le prove, un entusiasmo capace di sopportare tutto, una fede che spostasse le montagne; se potessi concepire un pensiero che unisse il finito e l'infinito. Ma il dubbio venefico della mia anima distrugge tutto. La mia anima è come il Mar Morto sul quale nessun uccello può volare: appena è arrivato a metà cammino, esausto s'inabissa nella morte e nella fine.

□

Strano! Con quale angoscia ambigua, di perderla e conservarla, l'uomo si attacca a questa vita. Alle volte io ho pensato di fare un passo decisivo, rispetto al quale tutti i miei passi precedenti non erano che fanciullaggini – d'intraprendere il grande viaggio della scoperta. Come una nave al varo è salutata con colpi di cannone quando lascia il cantiere, così vorrei salutare me stesso. Eppure! È il coraggio che mi manca? Se una pietra mi cadesse addosso e mi ammazzasse, sarebbe una soluzione.

□

La tautologia è e rimane il principio supremo, il principio supremo del pensiero[24]. Che meraviglia allora che la maggior parte degli uomini la usino! Essa poi non è così povera è può ben riempire tutta la vita. Essa ha una forza scherzosa, brillante, divertente ch'è il giudizio infinito. Questa forma di tautologia è quella paradossale e trascendente. Essa ha forma seria, scientifica ed edificante. La formula è perciò la seguente: se due grandezze sono ciascuna uguali a una terza, allora esse sono eguali l'una con l'altra[25]. Questa è una conclusione quantitativa. Questa forma di tautologia è specialmente in uso sulle cattedre e sui pulpiti, dove si deve parlare di molte cose.

□

La sproporzione del mio corpo è che le mie gambe anteriori sono troppo corte. Come la lepre della Nuova Olanda io ho le gambe anteriori troppo corte, ma infinitamente lunghe le posteriori. In generale io me ne sto completamente tranquillo; ma se faccio un movimento ecco ch'esso diventa un salto enorme che spaventa tutti coloro ai quali io sono attaccato con i teneri legami del sangue e dell'amicizia.

□

AUT-AUT.
UN'ESPOSIZIONE ECSTATICA

Sposatevi: ve ne pentirete. Non sposatevi: ve ne pentirete ancora. O che vi sposiate, o che non vi sposiate, ve ne pentirete in ogni caso. Ridete pure delle sciocchezze del mondo: ve ne pentirete, piangete su di esse e ve ne pentirete ancora – o che ridiate delle sciocchezze del mondo o che piangiate su di esse, ve ne pentirete in ogni caso. Fidatevi di una ragazza: ve ne pentirete. Non fidatevi di essa, ve ne pentirete ancora – o che vi fidiate di una ragazza o che non vi fidiate, ve ne pentirete in ogni caso. Impiccati: te ne pentirai. Non impiccarti, te ne pentirai ancora – o che t'impicchi o che non t'impicchi, te ne pentirai in ogni caso. Questo, miei signori, è il succo di tutta la saggezza di vivere. Non è soltanto in un singolo momento che io, come dice Spinoza, considero tutto *aeterno modo*, ma io sono sempre *aeterno modo*[26]. Molti pensano anche di esserlo poiché essi, dopo aver fatto l'una o l'altra cosa, unificano ossia mediano questi opposti. Ma questo è un malinteso; poiché la vera eternità non segue questo *aut-aut*, ma lo precede. La loro eternità sarà perciò una dolorosa successione temporale, poiché essi vogliono eliminare il doppio pentimento. La mia saggezza allora è facile da capire, poiché io ho un solo principio fondamentale che non costituisce neppure il mio punto di partenza. Si deve distinguere fra la dialettica seguente di *aut-aut* e quella ch'è qui indicata come eterna. Quando così io dico qui ch'io non parto dal mio principio fondamentale, il contrario di questo non è che si parte da esso, ma si tratta soltanto dell'espressione negativa per indicare la mia tesi, con cui essa si comprende in contrasto sia con la posizione di partire come con quella di non partire da esso. Io non prendo il punto di partenza dal mio principio; se partissi da esso me ne pentirei, se non partissi da esso me ne pentirei ancora. Perciò se qualcuno dei miei pregiati uditori trovasse qui in quel che ho detto, qualcosa che non va, questo dimostra soltanto che la sua testa non è fatta per la filosofia. Se avesse l'impressione che c'è del movimento in quel che ho detto, questo allora dimostra la stessa cosa. Per gli uditori invece che sono in grado di seguirmi, benché io non faccia movimento alcuno, svilupperò ora questa verità eterna con cui questa filosofia resta in se stessa e non la cede a nessun'altra più alta. Se io partissi dal mio principio, non potrei più fermarmi: poiché se mi fermassi, me ne pentirei e se non mi fermassi me ne pentirei egualmente ecc. Ora invece poiché io non parto mai, posso sempre fermarmi; poiché la mia partenza eterna è la mia fermata eterna. L'esperienza ha dimostrato che non è affatto difficile per la filosofia il cominciare. Tutt'altro: essa comincia con il nulla e può quindi cominciare sempre. Ciò che invece riesce difficile ai filosofi e alla filosofia è di fermarsi. Anche questa difficoltà io l'ho evitata; poiché se qualcuno dovesse credere che io, poiché ora mi fermo, mi fermo realmente, allora egli mostra di non avere il concetto speculativo. Infatti io ora mi fermo; ma io ho fermato il cammino che avevo cominciato. La mia filosofia ha perciò la proprietà del vantaggio di essere breve e di essere irrefutabile; poiché se qualcuno mi contraddicesse, allora potrei certamente trattarlo da pazzo. Il filosofo è quindi sempre *aeterno modo* e non ha vissuto, come il venerando Sintenis[27], soltanto alcune ore per l'eternità.

□

Perché io non sono nato a Nyboder[28], perché non sono morto quand'ero bambino? Allora mio padre mi avrebbe messo in una piccola bara, mi avrebbe preso sotto il braccio, mi avrebbe portato la domenica mattina al sepolcro e avrebbe gettato le palate di terra sulla tomba dicendo a mezza voce un paio di parole che lui solo poteva capire. Solo l'antichità felice poteva pensare di far piangere i piccoli bambini nei Campi Elisi[29] perché erano morti troppo presto.

□

Io non sono mai stato felice: e tuttavia io davo sempre l'impressione che la gioia mi accompagnasse, che i geni leggeri della gioia danzassero a me d'intorno, invisibili agli altri ma non a me i cui occhi brillavano di gioia. Quando allora io passo davanti agli uomini, felice e allegro come un Dio, ed essi invidiano la mia felicità, io rido; poiché io disprezzo gli uomini e mi vendico. Non ho desiderato mai di fare torto a nessuno, ma ho sempre dato l'impressione che ogni uomo che mi s'avvicinasse fosse da me offeso e danneggiato. Quando allora sento lodare gli altri per la loro fedeltà e rettitudine, io rido: poiché io disprezzo gli uomini e mi vendico. Mai il mio cuore si è indurito contro chicchessia; ma sempre, e proprio nel momento in cui mi sentivo più commosso, ho dato l'impressione che il mio cuore fosse chiuso ed estraneo a ogni sentimento. Quando allora sento esaltare altri per il loro buon cuore, li vedo amati per i loro sentimenti ricchi e profondi, io rido: poiché io disprezzo gli uomini e mi vendico. Quando io mi vedo maledetto, aborrito, odiato per la mia freddezza e mancanza di cuore, io rido, allora la mia collera è soddisfatta. Se infatti la gente perbene riuscisse realmente a dimostrare ch'io ho torto, che ho realmente fatto del torto – certo, allora io avrei perduto.

□

Questa è la mia disgrazia: accanto a me c'è sempre un angelo sterminatore (*Exod.*, 12, 23) e non è la porta degli Eletti ch'io segno col sangue perché nessuno possa passare, no – ma è per la porta di costoro ch'egli appunto entra – poiché soltanto l'amore del ricordo è felice.

□

Il vino non scalda più il mio cuore; un poco di vino mi rende triste – molto, malinconico. La mia anima è spossata e priva di forze: invano io conficco nel suo fianco lo sperone del desiderio – essa non può più, essa non si erge più nel suo balzo regale. Io ho perso tutte le mie illusioni. Invano cerco di abbandonarmi all'infinità della gioia, essa non può sollevarmi o piuttosto io non posso sollevare me stesso. Prima, quando essa mi faceva soltanto un cenno, allora mi ergevo leggero, sano e intrepido. Quando cavalcavo lento nella foresta, era come se volassi; quando ora il cavallo schiuma e sta quasi per abbattersi, sembra allora ch'io non mi muova di un passo. Io sono solo, lo sono stato sempre; abbandonato, non dagli uomini – questo non mi addolorerebbe – ma dai felici geni della gioia i quali in numerosa schiera mi circondavano, dappertutto incontravo amici, dappertutto mi offrivano l'occasione. Come un uomo sbronzo raccoglie attorno a sé i vapori allegri della gioventù, così essi facevano ressa attorno a me, i geni della gioia, e il mio sorriso era per loro. La mia anima ha perduto la possibilità[30]. Se dovessi desiderare per me qualcosa, non vorrei ricchezza o potere, ma la passione della possibilità, l'occhio che dappertutto eternamente giovine, eternamente bruciante, vede la possibilità. Il godimento delude, non la possibilità. E quale vino è così frizzante, così profumato, così inebriante!?

□

Là dove i raggi del sole non arrivano più, giungono però i suoni. La mia anima è buia e tetra, un alto muro tiene quasi lontana la luce del giorno. Ci dev'essere nel cortile vicino un musicante ambulante. Che strumento suona? La zampogna?... cosa sento io? Il minuetto del *Don Giovanni*. Ma allora, voi suoni ricchi e gagliardi, tornate a portarmi via al cerchio delle ragazze, al piacere della danza. – Il farmacista pesta nel suo mortaio, la ragazza lava la sua pentola, il cavallaro striglia il cavallo e sbatte la striglia sul selciato: questi suoni suonano solo per me, essi chiamano solo me. Grazie a te, chiunque tu sia, grazie! La mia anima è così ricca, così sana, così ebbra di gioia!

□

Il salmone è in sé un piatto molto delicato: ma quando se ne mangia troppo, è dannoso alla salute, poiché è un cibo indigesto. Una volta ad Amburgo in occasione di un'abbondante pesca di salmoni, la polizia proibì ai padroni di dare il salmone ai domestici più di una volta alla settimana. È auspicabile che la polizia prenda lo stesso provvedimento riguardo al sentimentalismo.

□

La mia pena è il mio castello signorile che sta lassù come un nido d'aquila sulla cima dei monti, fra le nubi; nessuno può assalirlo. Di là io prendo il volo per discendere verso la realtà e ghermire la mia preda; ma non mi fermo giù, io porto con me la mia preda – questa preda è un'immagine che io vado intessendo nelle tappezzerie del mio castello. Lì io vivo come un morto. Tutto ciò ch'io ho vissuto, l'immergo nel battesimo dell'oblio per l'eternità del ricordo. Tutto ciò ch'è finito e casuale, è dimenticato e cancellato. Allora come un vegliardo dai capelli brizzolati me ne sto pensieroso e spiego le immagini a voce bassa, quasi sussurrando; a fianco siede un bambino in ascolto, benché – prima ancora che glielo racconti – egli ricordi tutto.

□

Il sole penetra bello e vivace nella mia camera, la finestra più vicina è aperta; sulla via tutto è tranquillo, è il pomeriggio della domenica. Sento distintamente un'allodola che lancia i suoi trilli davanti a una finestra di una casa vicina dove abita una bella ragazza; molto più in là da una strada lontana sento le grida di un venditore di granchiolini; l'aria è molto calda e tutta la città è come morta. – Allora mi viene in mente la mia giovinezza e il mio primo amore, quando ero pieno di nostalgia e ora ho soltanto nostalgia della mia prima nostalgia. Cos'è la giovinezza? Un sogno. Cos'è l'amore? Il contenuto del sogno.

□

Oggi mi è capitata una cosa meravigliosa. Sono stato sollevato al settimo cielo. Ivi sedevano tutti gli dei in assemblea. Per speciale grazia essi mi concessero il favore di esprimere un desiderio. «Vuoi tu – disse Mercurio – avere giovinezza o bellezza o potenza o una lunga vita, o la più bella ragazza o qualche altra magnificenza che noi teniamo nella dispensa: allora scegli, ma una cosa sola». Rimasi un momento sconcertato, poi mi rivolsi agli dei dicendo: «Egregi contemporanei, io scelgo una cosa, di avere il riso al mio fianco». Nessuno degli dei rispose, invece tutti scoppiarono a ridere. Ne dedussi che la mia preghiera era stata esaudita e trovai che gli dei sapevano esprimersi con gusto. Non sarebbe stato fuori posto se mi avessero risposto con serietà: sei stato esaudito?

NOTE

[1] Falaride fu tiranno di Agrigento e divenne famoso soprattutto per il toro di bronzo ch'egli fece costruire per rinchiudervi, dopo averlo arroventato, i suoi nemici: Kierkegaard segue il racconto di Luciano (*Phalaris* I, 11; ed. C. Jacobitz, vol. II, p. 109).

[2] Un testo precedente del *Diario* (20 luglio 1839) parla dello *spleen* che «...i mistici conoscono sotto il nome di momenti di torpore e (che) il Medioevo aveva conosciuto col nome di *acedia*». Segue la citazione di san Gregorio Magno dai *Moralia in Job*, XIII: «Virum solitarium ubique comitatur acedia... ut animi remissio, mentis enervatio, neglectus religiosae exercitationis, odium professionis, laudatrix rerum saecularium» [«L'accidia accompagna ovunque l'uomo solitario... come torpore dell'animo, languore della mente, abbandono della pratica religiosa, odio della professione, celebrazione della vita secolare.»] (II A 484; tr. it., nr. 383, t. I, p. 293).

[3] Jonathan Swift, celebre satirico inglese e autore dei *Viaggi di Gulliver*, morì in manicomio nel 1745.

[4] David Hartley (1705-57), medico e filosofo inglese.

[5] Si tratta del generale macedone Eumene (c. 5, 4 sgg.).

[6] *Scheva* e *Dagesch lene* sono segni per la lettura delle lettere dell'alfabeto ebraico.

[7] «Preso a frustate».

[8] Kierkegaard usa l'espressione tedesca di Goethe: *fahrender Scholastiker*.

[9] *Gewaltige* (in tedesco nel testo).

[10] Allusione a Esaù che vendette al fratello Giacobbe il suo diritto di primogenitura per un piatto di lenticchie (*Gen.*, 25, 29 sgg.).

[11] Virgilio ebbe nel Medioevo anche fama di mago. Per questa storiella gli editori danesi danno la citazione: *Zauberer Virgilius*, in «Die deutschen Volksbücher», ges. von Simrock, VI, p. 363.

[12] Secondo gli editori danesi è un personaggio del poeta Baggesen.

[13] Si tratta della *Ouverture* del *Don Giovanni* di Mozart.

[14] In tedesco nel testo: «*Mit einem Kind, das göttlich, wenn Du schweigst – Doch menschlich, wenn Du das Geheimniss zeigst*». Kierkegaard s'ispira alle *Metamorfosi* di Apuleio secondo la traduzione tedesca (*Amor und Psyche*) di J. Kehrein, Giessen 1832 (cfr. *S. Kierkegaards Bibliotek*, nr. 1216, p. 75).

[15] Altri esempi di una «immagine eterna» si trovano nel *Diario* (cfr. trad. it., t. II, p. 923).

[16] Parmenisco era un filosofo pitagorico e la leggenda è citata secondo Ateneo (*Dipnosoph.* XIV, 614). L'antro trofonico è in Beozia. La dea Leto è la madre di Giove.

[17] Il lupo di Fenris nella mitologia scandinava è nemico degli dei.

[18] L'espressione si trova nella *Mitologia nordica* di Grundtvig presa dagli *Edda*: ma si tratterebbe di un errore poiché vi si parla dei «tendini dell'orso».

[19] *Examen artium.*

[20] Le macchie di Giove furono scoperte dall'astronomo Cassini nel 1665.

[21] In tedesco nel testo: «*Du bist vollbracht, Nachtwache meines Daseyns*».

[22] È l'antico principio del conoscere come assimilazione. La formula precisa: γινώσκεϑαι τῷ ὁμοίῳ τὸ ὅμοιον («il simile si conosce mediante il simile») si trova in Aristotele applicata espressamente ai presocratici (p. es.: *De an.* 404 b 17; *Metaph.* 1000 b 6. Cfr. C. W. Müller, *Gleiches zu Gleichem*, Wiesbaden 1965, p. IX). Ma il principio attraversa tutta la storia del pensiero e si afferma nell'epoca moderna con il principio dell'autocoscienza: il principio è «*Erkennen ist Erschaffen*» (cfr. Jo. Hoffmeister, *Goethe und der deutsche Idealismus.* Eine Einführung zu Hegels Realphilosophie, Philos. Bibliothek 66 a, Leipzig 1932, pp. 5 sgg.).

[23] Loke era un mostro della mitologia scandinava, un gigante semidio.

[24] Secondo gli editori Kierkegaard nel suo esemplare rimanda al filosofo Stilpone il quale avrebbe negato che «si possa predicare qualcosa di qualcosa».

[25] È un principio della geometria di Euclide.

[26] Espressione spinoziana: cfr. *Ethic.* V, 40 Scolion.

[27] Chr. Fr. Sintenis, scrittore edificante tedesco, autore di un noto libro di pietà: *Stunden für die Ewigkeit gelebt* [«Ore vissute per l'eternità»], Berlin 1891.

[28] Nyboder è un quartiere popolare di Copenaghen.

[29] Cfr. Virgilio, *Aen.* VI, 426 sgg.

[30] La possibilità è, nello sviluppo del pensiero di Kierkegaard, soprattutto in rapporto alla libertà mediante il riferimento al fondamento per il «salto» della scelta.

PASSIONE DI AMANTI O AMORE CONIUGALE?

Se il tema preferito dell'estetica è il piacere d'amore, fuor d'ogni legge sociale ed etica, la visione etica della vita fa centro intorno all'amor coniugale sancito nel vincolo del *matrimonio.* Il matrimonio è il secondo *Aut* dell'alternativa, e in esso consiste soprattutto la realizzazione dell'universale umano, l'incarnazione suprema e quasi unica della vita morale.
Victor Basch, autore d'un bel saggio su Kierkegaard, trova che «gli inni in onore del matrimonio sono straordinariamente inferiori ai peana in cui Kierkegaard esalta la vita estetica» e sostiene che la vita etica si immeschinisce stranamente se la si riassorbe nel matrimonio. «Essere buono sposo, buon padre, tutto ciò è senza dubbio morale; ma come sarebbe ristretta, borghese, un'etica che non si elevasse al disopra del *pot-au-feu* familiare!»
La critica di Basch non manca di una certa fondatezza, e davvero può parere che Kierkegaard difenda, in *Aut-Aut*, il mondo piccolo-borghese, che scorge l'ideale umano in una vita senza scosse, con una brava moglie e un buon lavoro. Occorre però, per non falsare le prospettive, aggiungere qualche altra osservazione. In primo luogo, né la vita estetica consiste nell'amore extraconiugale né quella etica nell'amore coniugale. Kierkegaard ha scelto due momenti tipici dell'esistenza estetica ed etica, nelle figure del seduttore e del marito, ma in questa tipicizzazione non bisogna veder esaurita né la fenomenologia estetica né quella etica.
Abbiamo in *Aut-Aut* dei perfetti ritratti, delle esemplificazioni geniali, delle illustrazioni viventi, ma non bisogna fermarsi in essi, che sono la realizzazione artistica e concreta di princìpi filosofici ben più universali. [...] Ammettendo che sia *borghese* l'ideale dell'onesto e felice marito, altrettanto borghese e provinciale ci appare oggi l'ideale estetizzante wildiano o dannunziano, morbosamente crepuscolare, decadente e antisociale nel suo mito pseudo-eroico, che malamente cela un più o meno raffinato egoismo. [...] Che il matrimonio sia una forma meno lirica e romantica d'amore, a paragone della passione degli amanti, è risaputo, e difficilmente i poeti e gli artisti cantano l'amore coniugale, che è la prosa della vita, preferendo, per attingere i temi della loro ispirazione, la poesia della vita, e cioè la potenza passionale dell'amore che non si è ancora definito in una forma o sottoposto a una legge. Così i grandi amanti, coloro nei quali l'amore ha bagliori di appassionata bellezza, non sono, di solito, coniugati.
[...] La *donna*, nella concezione estetica della vita, o è il piacere sensuale, come per *Don Giovanni*, o è l'oggetto d'un vagheggiamento erotico che ha per fine un più raffinato piacere, come nel *Diario del Seduttore*, oppure è qualcosa di irrazionale, e di refrattario allo spirito, come nello stupendo dialogo *In vino veritas*. L'uomo che vive una vita etica scorge nella donna un significato assai più positivo e universale. La donna ha, infatti, un talento innato, una disposizione originaria, un assoluto virtuosismo nel conferire al finito un senso. Essa ci concilia quindi col mondo e armonizza, senza saperlo, estetica ed eti-

ca. Essa capisce fino in fondo il senso del finito; per questo è amabile, graziosa, felice, come non può e non deve essere nessun uomo; per questo è in armonia con l'esistenza, come non può e non deve essere nessun uomo, e la sua vita è più felice di quella dell'uomo. Essa è, in un certo senso, più perfetta dell'uomo; chi spiega qualche cosa è, infatti, ben più perfetto di chi cerca la spiegazione. La donna spiega col miracolo della sua presenza il senso del finito, mentre l'uomo, per la sua essenza, anela all'infinito. Così deve essere, e ognuno ha i suoi dolori; la donna genera i figli con dolore, l'uomo concepisce le idee con dolore. La donna non sta fuori dalle idee, ma le riceve, per così dire, di seconda mano, e le son risparmiati, quindi, l'angoscia, la disperazione, il tormento del dubbio. Poiché la donna spiega la finitezza, essa è la vita profonda dell'uomo; una vita tranquilla e nascosta, come è sempre la vita delle radici. Essa è perfetta nella sua imperfezione e regala all'uomo la finitezza. Senza la donna l'uomo è uno spirito inquieto che non trova pace in nessun luogo. In quanto la donna dà all'uomo la finitezza, essa è più forte di lui, è il suo rifugio, e diviene il simbolo della comunità. Lo spirito non acquieta il suo tormento se non quando riesce a dimorare in una comunità. Il fine dell'etica, quindi, si attua attraverso le forme ovvie del lavoro e del matrimonio, potenziando e idealizzando il loro significato.

Da Remo Cantoni, *Postfazione* a *Aut-Aut*

L'INCUBO RELIGIOSO

Il problema religioso, anzi, per alcuni aspetti, l'incubo religioso si accompagna in modo indissolubile alla vita e alla riflessione di Kierkegaard; e si tratta sia del rapporto tra il finito e l'infinito nella sua generalità, come più determinatamente del rapporto tra l'uomo e Dio come è proposto nel cristianesimo e come è storicamente interpretato nel protestantesimo luterano.

Il problema del cristianesimo si prospetta a sua volta, nell'opera di Kierkegaard, in due momenti distinti, anche se intimamente collegati tra loro; da un lato si tratta di penetrare il «mistero» cristiano, di cogliere come esso risolva in «salvezza» la «caduta» e la «miseria» dell'uomo; il senso del peccato scava un solco incolmabile tra la realtà finita dell'uomo e la realtà infinita di Dio; esiste tra Dio e l'uomo una incommensurabilità ontologica che, considerata isolatamente dal resto, può indirizzare l'uomo alla disperazione. La salvezza si consegue accettando con la fede il paradosso cristiano di Dio che si fa uomo, dell'infinito che diviene in un momento del tempo; ma non si tratta, da parte dell'uomo, soltanto di accettare, con la fede, il paradosso essenziale, ossia di elevarsi attraverso la persona dell'uomo-Dio al regno della grazia e del dono; bisogna anche che l'uomo-Dio sia assunto come modello da imitare, come via da percorrere. Vi è pertanto da determinare il profondo conflitto che esiste tra la visione cristiana della vita e la sfera del mondano.

Da Mario Dal Pra, *Introduzione* a *L'Ora*

INDICE

GIÀ IN LIBRERIA

n.	*autore*	*titolo*	*prezzo*
41	Pirandello	**Un matrimonio ideale e altre novelle** *Sette novelle fra la tragedia e la farsa dicono che non c'è né amore né felicità nel matrimonio, gabbia per due solitudini.*	1000
42	Dostoevskij	**Il sogno di un uomo ridicolo** *Un sogno rivela come «gli uomini possono essere bellissimi e felici, senza perdere la capacità di vivere sulla Terra».*	1000
43	Erasmo	**Elogio della pazzia** *Parla la Pazzia, in prima persona, tessendo con scanzonata disinvoltura le proprie lodi ed esplorando ogni aspetto della vita umana.*	2000
44	Raspe	**Le avventure del Barone di Munchausen** *Sono così tante e mirabolanti, le avventure del Barone, che si stenta a crederci. Ma, per divertire, vale più la verità o la fantasia?*	2000
45	Deledda	**Elias Portolu** *Il capolavoro di Grazia Deledda: una storia d'amore fra cognati vissuta come un incesto, cedendo al peccato e desiderando il riscatto.*	3000
46	Pirandello	**Uno, nessuno e centomila** *Il caso di Vitangelo Moscarda, che scopre di non essere uno ma tanti uomini diversi, quante sono le idee che gli altri hanno di lui.*	3000
47	Jerome	**Tre uomini in barca (per tacer del cane)** *Un classico del ridere: la cronaca di una gita sul Tàmigi d'oltre cent'anni fa, fitta di irresistibili, memorabili trovate comiche.*	4000
48	Svevo	**Una vita** *I tormenti dell'anima e la tragedia di un giovane senza qualità che s'illude di poter elevarsi fra i ricchi e potenti.*	5000

GIÀ IN LIBRERIA

n.	*autore*	*titolo*	*prezzo*
49	Platone	**Simposio** *In una «cena rotariana» di 2500 anni fa sei uomini «eccellenti», dal filosofo al politico, celebrano la potenza di Eros.*	1000
50	Hesse	**Francesco d'Assisi** *La vita «semplice e pura» del Santo poverello narrata da Hesse all'uomo moderno, malato di «disagio della civiltà».*	1000
51	Deledda	**La madre** *Nel triangolo di una madre, un figlio sacerdote e una donna, una potente rappresentazione della vita istintiva.*	2000
52	Rilke	**Le storie del buon Dio** *«Raccontate ai grandi perché le riferiscano ai bambini», storie di un Dio impensato che crea dormendo e nega d'essere onnipotente.*	2000
53	Kipling	**Il libro della giungla** *Le affascinanti storie di Mowgli e del Popolo libero degli animali selvaggi, che nella giungla si sono dati la Legge giusta che l'uomo non ha.*	3000
54	Stevenson	**L'isola del tesoro** *Storia di pirati e romanzo di formazione, ricerca del tesoro sepolto, nuovo Robinson: un cult book del racconto d'avventura.*	3000
55	D'Annunzio	**Il Piacere** *Sullo sfondo di una Roma aristocratica splendida e corrotta, il fallimento esistenziale di un «giovin signore del XIX secolo».*	4000
56	Pirandello	**I vecchi e i giovani** *L'autore lo definì: «... il romanzo della Sicilia dopo il 1870, amarissimo e popoloso romanzo, ov'è racchiuso il dramma della mia generazione».*	5000

LA BIBLIOTECA
IDEALE
TASCABILE

GIÀ IN LIBRERIA

n.	*autore*	*titolo*	*prezzo*
57	Seneca	**La vera gioia** *In diciannove «lettere morali» l'arte stoica del vivere: che è onestà, indulgenza e sopportazione serena delle avversità.*	1000
58	Čechov	**La fidanzata e altri racconti** *Sette storie cecoviane che hanno al centro la donna – colonnella, cuoca, strega, signorina – e il suo ruolo nella società.*	1000
59	Gozzano	**La danza degli gnomi e altre fiabe** *Fiabe della tradizione, fiabe bellissime di magia e peripezia, narrate dalla penna incantatrice di un poeta.*	2000
60	Kierkegaard	**Il concetto dell'angoscia** *Una pietra miliare nella battaglia di Kierkegaard contro l'hegelismo, in difesa dell'uomo singolo e della sua interiorità.*	2000
61	Poe	**Racconti dell'incubo** *17 racconti conturbanti del «meraviglioso ciarlatano» che scelse la terra dei sogni come luogo di un'esistenza alternativa.*	3000
62	Wilde	**Il ritratto di Dorian Gray** *La sconvolgente parabola di un giovane esteta dell'Inghilterra vittoriana distrutto da una vita malvagia e dissoluta.*	3000
63	Fogazzaro	**Il Santo** *Atto d'accusa contro il cieco conformismo della Chiesa ufficiale e appassionante romanzo di un amore proibito e impossibile.*	4000
64	Flaubert	**L'educazione sentimentale** *«Storia di un giovane» dentro la storia morale d'una generazione: un lungo racconto di illusioni perdute, in amore e in politica.*	5000

LA BIBLIOTECA
IDEALE
TASCABILE